KLAUS HEMMERLE
UND DAS WORT IST KIND GEWORDEN

Klaus Hemmerle

Und das Wort
ist Kind geworden

Gedanken zur Weihnacht

Zeichnungen von Michel Pochet

N

VERLAG NEUE STADT
MÜNCHEN · ZÜRICH · WIEN

Ein Buch aus der Reihe *Saatkörner*

Die Deutsche Bibliothek – CIP-Einheitsaufnahme

Hemmerle, Klaus:

Und das Wort ist Kind geworden :
Gedanken zur Weihnacht / Klaus Hemmerle.
– 1. Aufl. – München ; Zürich ; Wien :
Verl. Neue Stadt, 1991
(Reihe Saatkörner)
ISBN 3-87996-267-7

1991, 1. Auflage
© Alle Rechte bei Verlag Neue Stadt GmbH,
München 83
Umschlaggraphik: Michel Pochet
Gesamtherstellung: MZ-Verlagsdruckerei GmbH, Memmingen
ISBN 3-87996-267-7

DER HERR WIRD KOMMEN

Advent

Advent ist die Botschaft:
Der Herr wird kommen,
das Reich ist noch nicht vollendet,
es braucht noch unsere Geduld,
unser Gebet, unsere Arbeit,
das Zeugnis unserer Hoffnung.
Aber das Reich ist zugleich schon angebrochen,
weil der kommende Herr schon gekommen ist
und in unserer Mitte lebt,
weil er mit uns lebt.

„Öffnet die Tore dem Erlöser"

Ich wünsche uns allen vier Schlüssel:

Einen Schlüssel für die Hintertür –
der Herr kommt,
wo und wann wir's nicht vermuten.
Er kommt in denen,
die sich nicht ans große Tor getrauen.

Einen Schlüssel für die Tür nach innen –
der Herr ist inwendiger als unser Innerstes.
Von dort betritt Er das Haus unseres Lebens.

Einen Schlüssel für die Verbindungstür,
die zutapezierte, zugemauerte nach nebenan –
im Allernächsten, welcher der Allerfremdeste ist,
klopft der Herr bei uns an.

Einen Schlüssel für die Haustür, für das Portal –
dort hat man Jesus mit Maria und Josef
abgewiesen.
Wir wollen uns nicht genieren, ihn öffentlich
einzulassen in unser Leben, in unsere Welt.
Werden wir sein Bethlehem heute sein?

Kennst du ihn nicht?

Kennst du ihn nicht,
den Engel,
der auch dich ruft,
weil Gott dich braucht,
damit die Liebe
neu geboren wird?

Kennst du ihn nicht,
den Stern,
der deinen Weg
– auch wo er Irrfahrt schien –
zum Kind hin lenkte?

Der Stern und das Herz

Der Stern hat sich nicht geirrt,
als er den Fernsten rief, aufzubrechen
zum nahen Gott.

Der Stern hat sich nicht geirrt,
als er den Wüstenweg wies,
den untersten, den härtesten Weg.

Der Stern hat sich nicht geirrt,
als er stehenblieb über dem Haus
der kleinen Leute:
Dort ist die große Zukunft geboren.

Dein Herz hat sich nicht geirrt,
als es sich aufmachte,
den Unbekannten zu suchen.

Dein Herz hat sich nicht geirrt,
als es nicht aufgab
in der sichtlosen Ungeduld.

Dein Herz hat sich nicht geirrt,
als es sich beugte
vor dem Kind.

DAS WORT IST FLEISCH

GEWORDEN

Gott hat sich ein Herz

genommen

Das Wort ist Fleisch geworden,
das Wort ist Herz geworden.
Gott hat sich ein Herz genommen.
Das göttliche Herz schlägt
im Puls der Milliarden menschlicher Herzen.
Seither wissen wir,
was im Herzen des Menschen wohnt.
Denn der allwissende Gott
wollte der allnahe Gott werden.
Er wollte nicht nur wissen,
was im Herzen des Menschen ist,
sondern er wollte es erfahren.
Und in ihm erfahren wir uns selbst:
Unser Herz ist nicht ein Traum,
der sich nie erfüllt,
nicht unsere Verurteilung
zum ausweglosen Scheitern,
nicht unser fatales Alibi
gegenüber der Wirklichkeit.
Nein, unser Herz hat Recht.
Denn Gott selbst hat sich
unser Herz genommen.

Ein Mehr an Liebe

Ein Gott, der in den ungezählten Gestalten seines Wirkens und seiner Macht aufgeht als der je Größere, Unfaßliche, aller Endlichkeit Entzogene — ist er nicht „mehr" Gott als einer, der in der Unscheinbarkeit und Winzigkeit und der ärgerlichen Einzigkeit eines Kindes sich letztgültig und allgemein verbindlich und ein für allemal offenbaren und selber mitteilen will in diese Welt hinein? Der Gott über dem Himmel „mehr", der Gott in der Krippe „weniger"?

Nach irdischem Kalkül, nach Maßstäben unseres abwägenden Verstandes ist das wohl so. Aber von Gott her ist es anders: Gott, der sich entäußert und weggibt bis zum Letzten und Kleinsten, er ist göttlicher Gott, ist „mehr" Gott. Einfach deshalb, weil ein solcher Gott mehr Liebe ist, und Gott *ist* Liebe.

Ein neuer Anfang

Sein Kommen ist der unüberbietbare Radikalfall des neuen Anfangs. Er hat den Kreislauf des immer Selben durchbrochen, er hat durch den ebenso kühnen wie unscheinbaren Sprung, der sich in Bethlehem vollzog, das Potential unserer Geschichte, ihre Ressourcen radikal neu werden lassen.

Das Wort, das im Anfang ist und selber Anfang ist, weil es Gott ist, es ist Fleisch geworden und hat unter uns gewohnt, und es verläßt uns nie mehr; was Gottes Sohn in seiner Menschwerdung einmal geworden ist, unser Bruder, das bleibt er in alle Ewigkeit.

Und so können wir in Jesu Menschheit und Menschlichkeit leben aus dem unerschöpflichen Vorrat, aus der unerschöpflichen Neuigkeit, aus dem unerschöpflichen Beginn Gottes selbst.

Bis zu dir selbst

Er ließ sich nicht abholen am Tor,
Er stieg nicht aufs Podest,
Er kam dir entgegen
bis zu dir selbst.

Geh Ihm entgegen
bis zu jenen, für die kein Platz
in der Herberge war.
Geh Ihm entgegen
bis in die Mitte
zwischen dir und mir.
Geh Ihm entgegen
bis zu dir selbst.

Nur Beiwerk?

Hirten und Tiere, Stern und Engel, Krippe und Stall – ist das nicht nur Beiwerk, lenkt es ab von der Mitte, könnten wir darauf verzichten?

Ich sage: Nein.

Ganz gewiß, wenn das alles wäre, dann wäre Weihnachten nicht Weihnachten. Aber Weihnachten ist mehr als ein Geschehen zwischen Gott und der Seele. Weihnachten, da geht es ums Ganze, und zu diesem Ganzen gehören Gott und der Mensch, gehören aber auch die Dinge, die Lebewesen, alles, was Gott geschaffen hat.

Das Wort ist Fleisch geworden und hat unter uns gewohnt – dies ist das Weihnachtsgeheimnis. Das Wort, das da Fleisch ward, ist jenes, in dem alles geschaffen wurde. Und dieses Wort wollte nicht nur *über* den Dingen bleiben, wollte nicht nur *in* ihnen sich spiegeln, es wollte Fleisch werden und *mit* den Dingen, mit dem Lebendigen, mit der Kreatur leben. Der Friede, den Gott mit dem Menschen schloß, ist Friede mit der Kreatur, und wie der Mensch neu wird an Weihnachten, weil Gottes Wort sein Menschenbruder wird, so wird auch die Schöpfung neu. Darum sagen Hir-

17

ten und Tiere, Stern und Engel damals in Bethlehem und heute in den Szenarien unserer Krippen etwas von dem Geheimnis der Menschwerdung selber aus.

Die Dinge bekommen an Weihnachten freilich einen besonderen Klang und eine besondere Farbe. Sie werden mit dem Kind in der Krippe selber kindhaft: Sie werden Spiel-sache und werden Geschenk.

Spiel-sache: Erst so nehmen wir die Dinge ernst, erst so sind sie, was sie von Gottes Liebe her sind. Diese Liebe spielt die Dinge einander zu, spielt sie uns zu und will uns die Phantasie und die Ehrfurcht, die Demut und die Unschuld, die Freundlichkeit und den Glanz des Spielens schenken. Solches Spielen hütet die Dinge, laugt sie nicht aus und braucht sie nicht auf, verbannt sie aber auch nicht in eine sterile und museale Unberührbarkeit. Verstehen wir die Dinge nicht besser, wenn sie uns Spiel-sache Gottes und wenn wir ihnen Kinder Gottes werden, in und mit dem Kind der Weihnacht?

Spiel-sache und, mehr noch, Geschenk. Das Wort ist Kind geworden, um sich uns schenken zu können, um uns dort, wo wir sind, Geschenk zu sein, um ganz für uns und mit uns dazusein. Wie können wir uns Hirten und Könige an der Krippe vorstellen ohne Geschenke? Wie können wir die Schöpfung uns vor dem Kind in der Krippe vorstellen, wenn nicht als Geschenk? Sich schenken, das ist die neue weihnachtliche Art des Seins. Sich schenken, das ist die eine Armut und der eine Reichtum Gottes, des Menschen und der Kreaturen.

Spielzeug und Geschenk, nicht Beiwerk, sondern leise Offenbarung des Geheimnisses, das Liebe heißt.

„Immer beginn' ich

von neuem"

Was nie angefangen hat, wird nie alt. Aber *wir* haben angefangen, wir verbrauchen uns, wir können uns nicht wieder-holen aus einem grenzenlosen Anfang, so daß alles erster und einziger Augenblick ohne Ende und ohne Grenze wäre. Wir steigen nicht zweimal in denselben Fluß und steigen nicht zweimal als dieselben in den Fluß.

Doch ist das die ganze Wahrheit? Der Anfang ohne Anfang, das Wort, das im Anfang ist und Gott ist und in dem alles Leben ist, dieses Wort ist Fleisch geworden, es hat, als Mensch, angefangen und hat in seinem Anfangen uns den Anfang ohne Anfang, das Leben ohne Maß gebracht.

Wenn wir mit Ihm leben, dann können wir wieder von vorne anfangen. Die Anfänglichkeit des Kindes in der Krippe verbraucht sich nicht. Weihnachten ist je neu Kindwerden mit dem Kind, um in diesem Kind aus Gottes Anfangskraft neu zu beginnen.

Abstiegsgeschichte

Ironie und Symbolkraft stecken in den zwei Versen aus dem Abschnitt des Buches Genesis über den Turmbau von Babel und seine Folge, die Verwirrung der Sprache:

„Dann sagten sie: Auf, bauen wir uns eine Stadt und einen Turm mit einer Spitze bis zum Himmel, und machen wir uns damit einen Namen, dann werden wir uns nicht über die ganze Erde zerstreuen. Da stieg der Herr herab, um sich Stadt und Turm anzusehen, die die Menschenkinder bauten" (Gen 11,4 f).

Die Menschen machen sich groß, treiben es auf die Spitze, und die Spitze reicht zum Himmel, wie sie meinen. In ihrer selbstgemachten Größe suchen sie die Garantie der Ewigkeit. Aber wie groß ist diese Größe? Gott steigt herab, um das winzige Menschenwerk zu gewahren. Er rührt nicht an den Turm, daß er umfällt. Nein, nicht der Turm fällt um — aber die Einheit zerbricht. Selbstgemachte Größe hält nicht zusammen, sondern treibt auseinander.
Es geht den Menschen nicht gut nach dem Turmbau zu Babel . . .

Die schier selbe Geschichte begegnet uns noch einmal, aber in anderer Richtung. Gott steigt nochmals ab, aber mit anderen Konsequenzen. Im „großen Credo" ist das in schlichter Knappheit so ausgedrückt:

„Für uns Menschen und zu unserem Heil ist er vom Himmel gekommen, hat Fleisch angenommen durch den Heiligen Geist von der Jungfrau Maria und ist Mensch geworden."

Es gibt also nochmals einen göttlichen Abstieg vom Himmel, vom angestammten „Ort" Gottes („descendit de caelis"). Doch dies ist ein Abstieg, der nicht verwirrt, sondern vereint. Es ist ein Abstieg, nicht weil menschliche Größe zum Himmel dringt, sondern weil menschliche Größe am Boden liegt. Und der Abstieg erfolgt nicht in die Größe eines herrscherlichen Palastes, sondern in die Unscheinbarkeit und Niedrigkeit der Jungfrau, der Magd des Herrn.

„Für uns Menschen und zu unserem Heil" – „vom Himmel gekommen" – „Mensch geworden". Ich möchte es wagen, in jener Kindlichkeit des Bildes, die mitunter mehr enthält als die Ausdifferenziertheit des Begriffs, dies so ausdrücken:

Gott fragte den Menschen: Wie geht es dir? Und um es genau zu sehen, kam er persönlich vom Himmel herunter, dorthin, wo der Mensch ist. Er sah es und sagte: Ich bleibe da, ich werde wie du, ich werde Mensch. Ich gehe mit dir – bis in den

Tod und durch den Tod bis zum Leben. So geht es dir gut!

Natürlich soll der Begriff nicht zur Seite geschoben, sondern soll die Frage zugelassen werden: Ist das nicht arg verzeichnet und verzerrt, Gott zuzutrauen, daß er „heruntersteigen" muß, um zu wissen und zu wenden, wie es uns geht? Nein, das ist schon etwas anderes, alles zu wissen in göttlicher Allübersicht und es zu „wissen" aus der Perspektive des Betroffenen, aus dem Teilen und Teilhaben, aus dem Mitgehen auf selbem Niveau. Es ist zumindest für *uns* etwas anderes. Dieses „für uns" betrifft aber Gott selbst; denn Gott ist die Liebe, und die Liebe treibt bis dahin, daß sie, auch aus der Perspektive der anderen, der Geliebten gesehen, dort sein will, wo sie sind.

Die Weihnachtsgeschichte ist Gottes Abstiegsgeschichte, sie ist die Geschichte der Weggemeinschaft Gottes mit uns.
Dann aber gilt: Die Weggemeinschaft Gottes mit uns in Jesus kann nur greifen, weitergehen, alle erreichen in unserer Weggemeinschaft mit Ihm und untereinander. Wir selber müssen absteigen von unserem Großtun, jede und jeder einzelne, um miteinander zu gehen. Und miteinander gehen können wir nur, wenn uns angeht, wie es der je anderen, dem je anderen geht. „Propter nos homines et propter nostram salutem" („für uns Menschen und zu unserem Heil"): Dies ist das Warum der Menschwerdung Gottes, das Warum der Kirche.

Ich wünsche uns, daß jeder und jedem von uns der Herr als Weihnachtsgeschenk Schwestern und Brüder schenkt, die sich dafür interessieren, wie es ihr und ihm geht. Und ich wünsche uns, daß er uns ein Herz schenkt wie das seine, das aufgeht und weit wird im Interesse, wie es den anderen geht.

Doch wie geht das: die anderen heilend und liebend fragen, wie es ihnen geht?

— Wie geht es dir?, das heißt: Ich habe das Fragen vor dem Sagen.

— Wie geht es dir?, das heißt: Ich habe Zeit nicht nur für die Arbeit und für die anderen, sondern Zeit auch für dich und achte auf deine Zeit, die meine Frage und mein Interesse braucht.

— Wie geht es dir?, das heißt: Ich will mit dir gehen; ich finde mich nicht nur damit ab, sondern ich nehme an, daß du mein Nächster bist.

— Wie geht es dir?, das heißt: Du selbst bist mir wichtig, nicht nur, was du tust; du selbst und jene, die zu dir gehören, deine Familie, deine Welt.

Fragen genug zum Nachdenken, Fragen, bei denen es, wenn wir ehrlich sind, in uns und zwischen uns „knirschen" wird. Ziehen wir uns davor nicht zurück, sprechen wir miteinander. Zeit füreinander ist Zeit für Ihn, Zeit für uns, Zeit für die anderen. Es ist Zeit dessen, der zu uns abgestiegen ist. Steigen wir ab zueinander!

DAS WORT IST KIND

GEWORDEN

Skandalös

Menschwerdung Gottes
ist nicht ein Idyll,
sondern ein Skandal:
Gott begegnet uns
in der Niedrigkeit eines Kindes.

Von der Kühnheit des Kindes
lernen

Sooft ein Kind geboren wird, verwandelt sich die Welt. Jedermann ist diesem kleinen Wesen zugetan, und die Freude, die von ihm ausstrahlt, überspielt den geschäftigen Ernst, in welchem die Menschen sich voreinander verschließen. Etwas wie eine Geschwisterlichkeit aller zu allen wächst. Neidlos gönnen wir den Eltern ihr Glück, doch sein Schimmer fällt auch auf unser eigenes Leben. Das Kind, auch das Kind des Fremden, gehört uns, ja, jedes Kind gehört der Menschheit. Sie selbst, das menschliche Geschlecht im ganzen, erwacht, wenn ein Kind seine Augen aufschlägt.

Was ist geschehen? Die Geburt eines Kindes bedeutet Verheißung. Sie sagt uns, daß es mit der Welt noch nicht am Ende zu sein braucht, daß es weitergehen kann. Neue Schultern schieben sich unter die Last unserer Erde, an der wir schon müde zu werden beginnen. Wohl liegt es hilflos und sprachlos vor uns, dieses zarte Geschöpf, aber gerade deshalb steht noch alles offen, noch keine Möglichkeit ist verbraucht, noch kein Weg verbaut. Und so geht der Beginn eines Lebens wahrhaft uns alle an, in der Geburt eines jeden Menschen wird die Welt zur Hoffnung wiedergeboren.

Puer natus est *nobis*, ein Kind ist *uns* geboren! – so könnte man an jeder Wiege jubeln. Doch über den Jubel breitet sich schon bald der Schatten der Enttäuschung. Denn die Verheißung des Heiles, die das Kind uns gibt, kann nicht eingehalten werden. Das Geflecht von Schuld und Not, in das die Geschichte der Menschheit verstrickt ist, scheint sich nicht entwirren zu lassen.

Wenn nicht dieses *eine* Kind geboren wäre, das gerade dazu berufen und gesandt wurde: die Verheißung einzulösen, welche jede Menschengeburt uns gibt. Gott selbst, der Schöpfer des Menschen, hat in die menschliche Geburt dieses Wort der Verheißung hineinverborgen. Aber dieses Wort war ohnmächtig, solange der Zusammenhang zwischen göttlichem Planen und menschlicher Wirklichkeit durch die Schuld zerbrochen war. Kein Tun und kein Planen des Menschen waren imstande, den abgerissenen Faden wieder anzuknüpfen, nur Gottes Hand konnte beide Enden ergreifen und ineins fügen. Er selbst mußte es uns sagen, daß er zu seinem anfänglichen Planen noch steht. Und er hat es uns gesagt in der Geburt, die zur Weihnacht geschah. Es ist die Geburt eines Menschen, ja Geburt *des* Menschen wie keine andere Geburt. Rein und ungeschwächt erklingt in ihr das Wort, in welchem Gott Geburt und Menschsein ursprunghaft erdacht und ausgesprochen hat. Und so ist der zur Weihnacht Geborene, *der* Mensch, der „Vater der Zukunft", der Stammvater des neuen Menschengeschlechtes. Aber das Wort, das uns zur Weihnacht in diesem Kind von Gott gesagt ist, es ist Gottes eigenes Wort, und dieses sein Wort, in welchem wir erschaffen sind und alles erschaffen ist, nimmt Gott nicht mehr zurück, es wohnt unter uns, es selbst ist Fleisch geworden und hat sein Zelt aufgeschlagen in unserer Mitte. Dieses Kind gehört uns, es ist Mensch mit uns Menschen und für uns Menschen, aber in ihm gehört uns Gottes Wort selbst.

Gott steht zu uns, und er steht zu uns in dem letzten Ernst und in der letzten Innigkeit, mit denen er zu sich selber steht. *Ein* Wort ist es, in dem er sich nennt und bei uns wohnt und in dem er uns anredet und in unserer Mitte wohnt. Das Kind, unser kleiner Menschenbruder Jesus, ist der ewige Sohn des ewigen Vaters. Der Zusammenhang zwischen Gott und Mensch ist wieder hergestellt, der zur Weihnacht Geborene ist selbst der Zusammenhang. Er kommt auf uns zu aus der Geschichte des menschlichen Geschlechtes, und die Last dieser Geschichte, ihre Schuld und ihre Not liegen auf seinen Schultern. Doch zugleich kommt das Kind in der Krippe auf uns zu aus dem liebenden Willen, aus dem Plan und aus der Treue des Vaters, es ist der vom Vater in die Welt gesandte Sohn. So aber wird Jesus zur Brücke, zum Weg, der in seiner einen Spur den doppelten Gang freigibt: Gott findet den Menschen, und der Mensch findet Gott.

Kind ist Hinkehr zur Welt, es blickt offen hinaus, ist jedem Freund – und so schaut Gott uns an in seinem Kind gewordenen Sohn. Und Kind ist Hinkehr zum Vater, der Hilfe bedürfende, vertrauend zu ihm gewendete und ihm übergebene Armseligkeit –, und so schauen wir mit den Augen des Sohnes den Vater an, die Menschheit gewinnt durch ihn den Vater zurück. Jesus legt den Menschen, seine Schuld und seine Not, dem Vater ans Herz, er ist ja der am Herzen des Vaters ruhende Sohn, und wir sind von ihm angenommen für alle Ewigkeit. Das Gespräch, das uns sprachlos versagenden Wesen mit Gott zu führen aufgegeben ist, es ist in Jesus, unserem Menschenbruder, zum Gespräch Gottes mit Gott geworden.

Jesus spricht für uns, an unserer Statt mit dem Vater. Aber das war ihm noch nicht genug. Wir selbst sollten Sprechende werden, Partner des göttlichen Gespräches, und darum hat er uns den Geist des Sohnes gegeben, in dem wir rufen dürfen: „Abba! Vater!" Das Kind in der Krippe ist nicht nur frohe Botschaft an uns, es wird zum Gebot für unser eigenes Leben: „Wenn ihr nicht werdet wie die Kinder, könnt ihr nicht in das Reich Gottes eingehen!" Wir müssen aus dem Geist des Kindes unser Wollen und Tun verwandeln, müssen die Kühnheit des Kindes lernen, das seine Schwäche nicht verbirgt, sondern weiß, gerade weil es schwach ist, wird der Vater es tragen. Doch auch das andere fordert das Kind in der Krippe von uns: daß wir mit ihm Kinder seien unter Brüdern und Schwestern, den Menschen gegenüber.

Gott will auch durch uns die frohe Botschaft seiner Liebe der Welt kundtun, in uns sein Wort ihr sagen, er will uns zur Verheißung machen, zur Hoffnung für das Menschengeschlecht. Gemeinschaft soll um uns wachsen und Geschwisterlichkeit, eins werden und froh werden sollen die Menschen an uns. Allen sollen wir angehören und zu eigen sein.

Das Geheimnis des Christen ist das Geheimnis des Kindes. Wenn wir daran glauben, daß Gott uns liebend anblickt in den Augen seines zur Weihnacht geborenen Sohnes und daß dieser uns und all unsere Last übernommen hat vor dem Antlitz des Vaters, dann werden wir frei von der Verkettung an uns selbst, an den eigenen Kreis und an die eigene Not. Wir trauen Gott zu, daß er sich sorgt um die Lächerlichkeit unseres winzigen Lebens. Wir sind mit all unserem Eifer und all unserer Kunst nicht mehr als hilflose Kinder, doch gerade deshalb sind wir fähig, den Auftrag Gottes an die Welt auszurichten. Und unser kleines Dasein, das nicht mehr an sich selber klebt, sondern liebend verfügbar wird für seine Liebe, wird zum Geschenk, das Gott selbst unseren Geschwistern macht.

Der Geist der Kindheit ist indessen alles eher als harmlos. Die höchste Reife der Hingabe ist nichts anderes als solch schlichtes Kindsein vor Gott. Genau dies hat Jesus doch in seiner letzten Not am Kreuz vollbracht: Er hat sich bedingungslos, wie ein Kind, in die Hände des Vaters geworfen und so seine große Herrlichkeit, den Ratschluß seiner Gnade, der Welt verkündet und geschenkt.

Gut, daß du da bist

Er ist einfach da —
das ist alles,
was er tut und kann.
Aber indem er da ist,
ohnmächtig und strahlend,
ist eben Gott selber da.
Gott ist da für uns.
Und was sagt dieses Dasein Gottes
im Kind von Bethlehem?
Es sagt mir,
es sagt dir,
es sagt jedem Menschen:
Gut, daß du da bist.

Mensch werden
heißt Kind werden

Mensch werden heißt Kind werden.
Seit Adam und Eva gibt es
keine Ausnahme davon.
Der Weg zum Menschsein führt über das Kind.
Es ist Gottes eigener Weg.
Gottes Sohn ist Mensch geworden,
indem er Kind wurde.
Wir gehören zu ihm,
wenn wir seine Freunde aufnehmen, die Kinder,
und wenn wir wie Kinder ihn selbst aufnehmen.

Nur wer Kind wird, geht ein in Gottes Reich.
Einfach werden, lauter sein, mitleiden können,
sich freuen können.
Sich beschenken lassen und weiterschenken.

Das Kind – Heilkraft gegen Resignation
und Berechnung,
gegen Egoismus und Sinnleere.
Das Kind, das uns um sein Leben
und um seinen Lebensraum bittet.
Das Kind in der Krippe,
das uns einlädt, mit ihm Mensch zu sein
und von ihm göttliches Leben zu empfangen.

Damit Gott nicht erfriert

Wie ich den Kindern von St. Martin erzähle,
der seinen Mantel teilt
und die Hälfte einem nackten Bettler gibt,
unterbricht mich ein Zuruf:
„Der Bettler, das war Gott!"
Eine zweite Stimme:
„Das hat Martin gut gemacht."
Ich frage: „Wieso?"
und erhalte die Antwort:
„Sonst wäre Gott erfroren."
Teilen, damit Gott nicht unter uns erfriert.

Will nicht diese Martinsgeschichte
unsere Weihnachtsgeschichte werden?
Dann wird der Block unserer fertigen Urteile,
der Block unserer behäbigen Ansprüche,
der Block unseres von sich selbst ummauerten Ich,
der Block unseres sich selbst genügenden Wir
aufgesprengt, geteilt.
Und nur so wird die Mitte frei,
damit das Kind Platz hat unter uns.

Gott hat sich verlaufen

wie ein Kind

In seiner „fröhlichen Wissenschaft" spricht Friedrich Nietzsche vom tollen Menschen, der mit einer Laterne am hellichten Tag Gott sucht. Alle lachen ihn aus und scherzen mit ihm und fragen: „Ja, vielleicht hat er sich verlaufen wie ein Kind, vielleicht ist er dahin oder dorthin gegangen?"

Diese Stelle, oft zitiert, erscheint meist nur als die Einleitung zu jenem Wort des tollen Menschen, nach welchem wir Gott getötet haben und dieses Ereignis noch Lichtjahre von uns entfernt ist.

Sollten wir indessen nicht auch auf die verborgene Wahrheit dessen horchen, was die Leute dem tollen Menschen von Gott sagen: „Vielleicht hat er sich verlaufen wie ein Kind"?

Wenn ein Kind sich verläuft, dann geht es dorthin, wohin es nicht gehört. Ja, an Weihnachten hat Gott sich verlaufen – nicht nur wie ein Kind, sondern *als* Kind – dorthin, wohin er nicht „gehört". Er ist nicht in der verschlossenen Herrlichkeit seines Himmels und nicht im Binnenraum unserer Frömmigkeit geblieben, sondern er hat sich verlaufen zu den Kleinen und Armen, zu den Kranken und Trauernden, zu den Sündern, zu jenen, von denen wir wähnen, sie seien fern von Gott und hätten nichts mit ihm zu tun.

Gott hat sich verlaufen dorthin, wohin der verlorene Sohn sich verlaufen hat, weit weg vom Vaterhaus, um in ihm und mit ihm heimzukehren zum Vater.

Gott hat sich verlaufen wie ein Kind – nur daß es eben kein Irrtum war, solches zu tun, sondern das Göttlichste, was Gott tun kann. Gott ist der Gott aller – oder er ist nicht Gott. Gott ist der Gott der Kleinen und der Fernen – oder er ist nicht Gott. Wir finden Gott dort, wohin er sich „verlaufen" hat – oder wir finden ihn nicht.

„Laß uns dich finden, wohin du, Gott, dich verlaufen hast als ein Kind. Ja, laß uns selber Kind sein, in dem du dich verläufst zu den anderen, zu allen!"

Neue Verhältnisse brauchen
neue Menschen

Neue Verhältnisse brauchen neue Menschen.
Wie geht das: neuer Mensch werden?
Es geht im Kind,
es geht in dem, der für uns Kind geworden ist.

Im Kind lernen wir neu „ich" sagen:
denn für mich ist er geboren,
ich bin grenzenlos von Gott geliebt.

Im Kind lernen wir neu „du" sagen:
denn dein und mein Leben sind
geteilt von ihm und eins in ihm.

Im Kind lernen wir neu „Er" sagen:
denn mit ihm können wir
unbefangen zum Vater und vom Vater sprechen.

Im Kind lernen wir neu „wir" sagen:
denn in ihm haben wir die Mitte,
die uns ganz dicht und ganz weit
zum Kreis verbindet.

Die Zukunft ist schon geboren

Neben der Kasse im Supermarkt steht ein Kinderwagen mit einem Säugling. Niemand im Gedränge achtet auf den anderen, alle sind damit beschäftigt, so rasch wie möglich dranzukommen und fertigzuwerden. Aber vor dem Kind machen viele halt, lächeln ihm zu, sagen ihm ein Kosewort. Kinder haben die merkwürdige Macht, die Fremde und Stummheit in unserer Gesellschaft zu durchbrechen und das Netz einer Beziehung zu knüpfen, ganz einfach durch ihr Dasein.

Kinder gehören zu ihren Eltern, zu ihrer Familie, aber zugleich gehören sie zu uns, zu allen. Sie sind sozusagen ein „gemeinsames Gut". Irgendwie gilt für Kinder allgemein, gilt für jedes Kind, was der Prophet von *einem* Kind verkündete: „Ein Kind ist *uns* geboren, ein Sohn ist *uns* geschenkt" (Jes 9,5).
Kinder sind Geschenke, Geschenke an uns, an alle. *Was* ist uns in ihnen geschenkt? Antwort: die Zukunft. Schon äußerlich stimmt es: Wenn es keine Kinder gäbe, dann hätte die Menschheit keine Zukunft. Aber unsere Antwort hat noch eine tiefere Schicht. Unwillkürlich erfahren wir das Kind wie eine Verheißung, wie die Morgenröte einer erhofften besseren Zukunft.

Wir richten an ein Kind nicht nur die Frage: Welche Zukunft hast du?, sondern auch die Frage: Welche Zukunft bringst du? Und in der Tat, wie die Zukunft sein wird, was in ihr geschehen und nicht geschehen wird, es hängt ab von denen, die heute Kinder sind. Die Zukunft ist schon geboren — in den Kindern, die geboren werden.

Jeder von uns ist einmal Kind gewesen. Aber auch wenn wir „glücklich" und „erfolgreich" sind: Haben nicht wir alle das unterboten, was an Zukunftserwartung in uns hineingelegt wurde? Das Heil, die Rettung, jenes Ganze, Gute, das wir von der Zukunft erhoffen — dafür sind unsere Schultern, die Schultern aller, die als Kinder geboren sind, zu schwach.

Stimmt das? Die Schultern aller? Hören wir nochmals den Propheten: „Ein Kind ist uns geboren, ein Sohn ist uns geschenkt. Die Herrschaft liegt auf seiner Schulter; man nennt ihn: Wunderbarer Ratgeber, Starker Gott, Vater in Ewigkeit, Fürst des Friedens. Seine Herrschaft ist groß, und der Friede hat kein Ende" (Jes 9,5 f).

Die Zukunft ist uns geboren in dem, der uns zur Weihnacht geboren wurde: in Jesus. In ihm ist Gott selbst in unsere Mitte gekommen. Der Herr der Zukunft ist ein Kind geworden. Abseits, in der Krippe im Stall zu Bethlehem, wurde er geboren. Aber es ist geschehen, was, und mehr noch, es will geschehen, was mit dem Säugling im Kinderwagen geschah, neben der Kasse im Supermarkt:

Das Kind wird zur Mitte, das Kind schafft Gemeinschaft, verbindet, vereint. „Ein Kind ist uns geboren."

Holen wir dieses Kind in unsere Mitte, suchen wir es gemeinsam wie die Hirten von Bethlehem, leben wir so, daß es bei uns Lebensrecht hat, Heimat findet. So wird es Frieden stiften, Zukunft schenken. Viele werden die Hoffnung finden, wenn sie den Herrn in unserer Mitte finden. „Wo zwei oder drei in meinem Namen versammelt sind, da bin ich mitten unter ihnen" (Mt 18,20).

Das ist ein Schlüsselwort für die Zukunft: Wir in seiner Liebe vereint – der in unserer Mitte, in dem die Zukunft geboren ist.

GEBOREN AUS DER

JUNGFRAU MARIA

Sein Weg heißt Ja

Nicht Nein,
nicht Vielleicht,
nicht Ja aber,
sondern Ja:
Ehre Gott, Friede den Menschen.

An Weihnachten ist das Ja gekommen.
Sein Weg heißt
    nicht Nein,
    nicht Vielleicht,
    nicht Ja aber,
    sondern Ja:
    Maria.

Die offene Tür

„Heut schließt er wieder auf die Tür zum schönen Paradeis. Der Kerub steht nicht mehr dafür: Gott sei Lob, Ehr und Preis." Diese Liedstrophe aus dem 16. Jahrhundert nach einem Text von Nikolaus Herman wird oft in der Mitternachtsmesse des Weihnachtsfestes gesungen. Der Vers trifft mitten hinein in das Ereignis der Weihnacht. Die Tür war zu, als Er unbekannt und eingehüllt in das arme Gewand seiner Mutter anklopfte. Jetzt wird uns zugerufen: Der Eintritt ins Paradies ist nicht mehr verwehrt, die Tür ist endgültig aufgegangen.

Als ich mich fragte, worin die besondere Last unserer Jahre liege und wo die Not besonders drücke, fiel mir dieser alte Liedvers ein. Wie oft wurde mir gesagt: Die Tür ist zu, nichts geht mehr. Ich dachte an die Angst in der Politik, wo die Mächtigen in ihre Macht und die Ohnmächtigen in ihre Ohnmacht sich zu verschließen drohen; die Furcht in den Betrieben, das Bangen um den Arbeits- und Ausbildungsplatz: alles ist zu, es ist nichts zu machen; die Angst in der Kirche; Parteien und Gruppen, die befangen sind in ihrer Sorge, daß sich nichts mehr bewege, alles festgefahren sei. Und ich dachte an die Menschen, denen ich immer wieder begegnet bin, die in ihren innigsten Beziehungen verzweifelt sind: Eltern, die glaubten, nicht mehr mit ihren Kindern reden zu können; Kinder, die sagten: Die Tür ist zugeschlagen, das Gespräch mit den Eltern verstellt. Ich dachte an Ehepartner, Freunde, die erklärten, alle Gemeinsamkeit und Gemeinschaft sei verschlossen.

In all diesen Erfahrungen hallt eine Urerfahrung der Menschheit nach: jenes Wissen um die verschlossene Tür des Paradieses; daß unser eigenster Ort uns entzogen ist, der Urraum unseres Lebens, den wir verlassen haben und von dem wir nun abgeschnitten sind. So haben wir uns darauf fixiert, unser Leben in die eigenen Hände zu nehmen, Gott zur Randfigur zu machen.

Aus eigener Kraft gelingt es uns nicht mehr, die Tür aufzubrechen und den Himmel zu stürmen. Alle bloß innerweltliche Heilsverheißung stößt an eine unüberwindbare Grenze, weist uns in die eigenen Schranken und treibt uns in die Resignation.

Unsere Wege – seine Wege

Wir gehen nun oft einen anderen Weg: Wir flüchten uns in einen rührenden und zugleich gefährlichen Kindertraum, einen Traum vom Paradies, der stets ausgebeutet wurde und gerade in unseren Tagen auf schlimme Weise kommerzialisiert wird.

So erleben wir immer wieder unser Scheitern: wenn wir unser Glück zu zwingen suchen, indem wir es in die eigenen Hände nehmen oder uns etwas „Paradiesisches" vorgaukeln lassen; wenn wir versuchen, mit Gewalt in das Paradies einzubrechen oder uns aus unserer Ohnmacht hinwegzuträumen . . .

In diese Situation spricht die Weihnachtsbotschaft leise hinein. Sie weist zu einem anderen, einem dritten Weg: Wir können den Durchbruch ins innerste Geheimnis weder aus eigener Kraft schaffen noch uns an der Tür des Paradieses vorbeimogeln. Sie kann uns vielmehr allein von dem geöffnet werden, der der Herr unseres Lebens ist. Er ist an Weihnachten gekommen. Können wir auch nicht selbstmächtig aufsteigen — er kann absteigen; können wir nicht selbstherrlich durchbrechen — er kann auf uns zukommen. Das hat Gott in Jesus getan. In diesem Kind ist er auf uns zugegangen, in diesem Kind ist Gott bei uns und mitten unter uns. Wir vermögen es nicht, den Weg von uns aus zu ihm zu gehen, aber er geht den Weg zu uns; und indem er ihn geht, nimmt er uns mit; mit ihm können wir zum Vater gehen. „Prosagoge" (Zugang) heißt ein wichtiges Wort des Neuen Testaments. In Jesus Christus ist dieser Zugang offen.

Wir stehen deshalb nicht mehr vor der verschlossenen Tür des Paradieses, sondern wir dürfen uns einladen lassen von dem, der die Tür ist; in ihm sind wir in den Stand gesetzt, in Gottes offenen Raum zu gelangen, vor dessen Tür kein Kerub mehr steht, der uns abweist; niemand kann diese Tür verschließen, denn sie ist ein für allemal geöffnet; keine Gewalt und Schuld der Welt vermag sie zuzuschlagen.

Dennoch bleibt uns die Frage, was von *uns* aus zu tun ist, damit wir auf den Weg zu dieser Tür und durch diese Tür hindurch gelangen. Welche Schritte können wir auf diesem uns in Jesus eröffneten Weg setzen? Es gibt einen menschlichen Anteil, einen menschlichen Weg, auf welchem wir uns finden lassen können. Dies ist der Weg *Mariens*, zu der der Engel, zu der Gott selbst kam und fragte, ob sie bereit sei. Sie ist jener Mensch, der auf die Frage des Engels mit dem eigenen Ja antwortete. Sie hat Gott, der auf sie zukam, in sich eingelassen und ihm in sich den Raum gegeben; sie ist auf diesen Gott zu- und mit diesem Gott in ihrem Herzen weitergegangen und hat ihn uns gebracht, so daß uns die Engel der Weihnacht einladen können, wiederum auf ihn zuzugehen.

Spitze der Menschheit: jeder

Maria hat jenes „Spitzengespräch" geführt und sich auf jenes „Gipfeltreffen" der Menschheit eingelassen, in dem die Tür aufgegangen ist: Gott kam auf den Menschen zu, und der Mensch antwortete und ging auf Gott zu. Und dieses einmal für allemal stattgehabte Spitzengespräch zwischen dem Engel Gottes und dem Menschen, der für die ganze Menschheit sich aufgeschlossen hat, weist uns den Weg, wie bei uns Weihnachten werden kann: Lassen wir Gott auf uns zukommen, gehen wir mit ihm auf ihn und auf die anderen zu.

Für uns alle ist vielfältig ein solches Spitzengespräch notwendig. Jeder von uns ist die Spitze
der Menschheit, in jedem von uns muß etwas geschehen, was nur durch ihn geschehen kann.
Gott wartet für diese Welt auf ein Ja von einem
jeden von uns, das nur er ihm schenken kann an
seiner Stelle: Wenn wir an dem Ort, an dem wir
stehen, ja sagen, dann wird es heller werden in
der Welt – wenn wir aber dort, wo wir gerufen
sind, uns verweigern, dann verschließt sich eine
Möglichkeit dieser Geschichte. Jeder von uns ist
so Spitze der Menschheit, jeder hat seinen Ruf,
und jeder muß für die anderen die Tür, die bereits
in Jesus Christus offensteht, aufstoßen – hier
und jetzt, an dieser Stelle, in diesem Augenblick.
Besinnen wir uns an Weihnachten darauf, ob wir
auf Gottes Ruf mit dem Ja unseres Lebens – mit
dem Ja Mariens – antworten. Dieses Ja unter-
fängt dann unsere Macht und Ohnmacht, diese
beruflich ausweglose Lage, diese Erstarrung der
Fronten; wir werden dann diesen Menschen, dieses Kind, diese Eltern, diesen Partner, diese
Treue – dieses Kreuz annehmen.
Uns ist dann unmöglich zu vergessen, daß auch
zwischen uns immer neu Spitzengespräche fällig
sind, damit die Tür aufgehen wird zwischen uns.
Es gibt keine andere Methode, keinen anderen
Weg als wieder den, den Gott eingeschlagen hat:
zugehen auf den anderen und mitgehen mit diesem anderen auf andere zu. Jesus Christus ist die
Tür, er ist die uns zugewandte Seite Gottes: In
ihm ist Gott nach dem Ja Mariens für immer auf
uns zugekommen: Die Paradiestür steht offen,

der Kerub versperrt den Eingang nicht, sondern lädt uns ein, mit unserem Ja einzutreten und mit den Engeln der Weihnacht den Menschen Gottes Lob, Ehr und Preis zu künden.

„Heilige Familie"

in Kolumbien

In älteren Kirchen Kolumbiens begegneten mir immer wieder Darstellungen der heiligen Familie von Nazareth. Aber das Besondere dabei: Es waren sozusagen zwei Familien, einmal die Familie aus Maria, Josef und dem zwischen beiden gehenden Kind; über diesem Kind aber öffnet sich der Himmel, Gott Vater erscheint und der Geist schwebt über dem Kind. Heilige Familie und Dreifaltigkeit gehören zusammen, verbinden sich in Jesus.

Für mich ist in diesem Bild eine dreifache Botschaft enthalten – oder besser gesagt, dieses Bild enthält eine Botschaft in drei Stufen.

Erste Stufe: Gott sendet und schenkt uns seinen Sohn. Er öffnet seinen eigenen Lebensraum, holt uns durch seinen menschgewordenen Sohn in diesen Lebensraum hinein.

Zweite Stufe: Der Sohn Gottes, der unser Menschenbruder wird, hat einen menschlichen Lebensraum, und dieser menschliche Lebensraum ist eine Familie, und zwar eine Familie, die aus

Glauben, aus Hören auf Gottes Ruf entsteht. Der Gott, der uns in seine göttliche Familie hineinrufen will, kann sich nur dadurch uns verständlich machen, daß er eben Familie bildet, in einer Familie, in einer Gemeinschaft, in einem liebenden Miteinander lebt. Jesus Christus hat seinen Ort auf Erden zwischen uns, in unserer Mitte, in der Mitte derer, die ihm glauben und einander lieben.

Dritte Stufe: Diese menschliche Gemeinschaft aber ist eine Weggemeinschaft. Maria und Josef sind mit Jesus unterwegs. Dieses Unterwegssein erschöpft sich nicht darin, daß wir hier auf Erden keine bleibende Stätte haben, sondern immer weiter müssen, bis wir die ewige Heimat erreicht haben. Unterwegssein hat einen noch weiteren und tieferen Sinn. Jesus macht sich nicht fest in seiner irdischen Familie, er will immer neu und immer weiter Familie bilden, die Familie Gottes auf Erden soll immer breitere Kreise ziehen, bis alle eins sind und so die Welt glauben kann (vgl. Joh 17,21).

In diesen drei Stufen wird mir das Bild von der „doppelten heiligen Familie" sprechend. Der Vater hat uns seinen Sohn gesandt, und er nimmt uns alle in diese Bewegung der Sendung hinein, damit wir nicht für uns leben, sondern den anderen das Geschenk des Glaubens weitertragen. Das ist die Verpflichtung eines jeden einzelnen zum persönlichen Zeugnis und Einsatz, es ist aber auch die Verpflichtung dazu, den Ruf Gottes an die anderen zu stützen und mitzutragen.

Der Christus, der in die ganze Welt gehen, der alle zu seinen Jüngern machen will, der immer tiefer alle Bereiche unseres Lebens durchdringen will, er braucht Familie, er braucht Gemeinschaft. Diese Gemeinschaft darf sich nicht auf den Nahraum der Familie, unserer Gemeinde, unseres Bistums begrenzen. Sicher müssen wir ihn dort bewähren und verwirklichen. Aber wahrhaft göttlich und wahrhaft „katholisch" ist dieser Raum unserer Gemeinschaft nur, wenn er Weltdimension annimmt.

EHRE SEI GOTT UND

FRIEDE DEN MENSCHEN

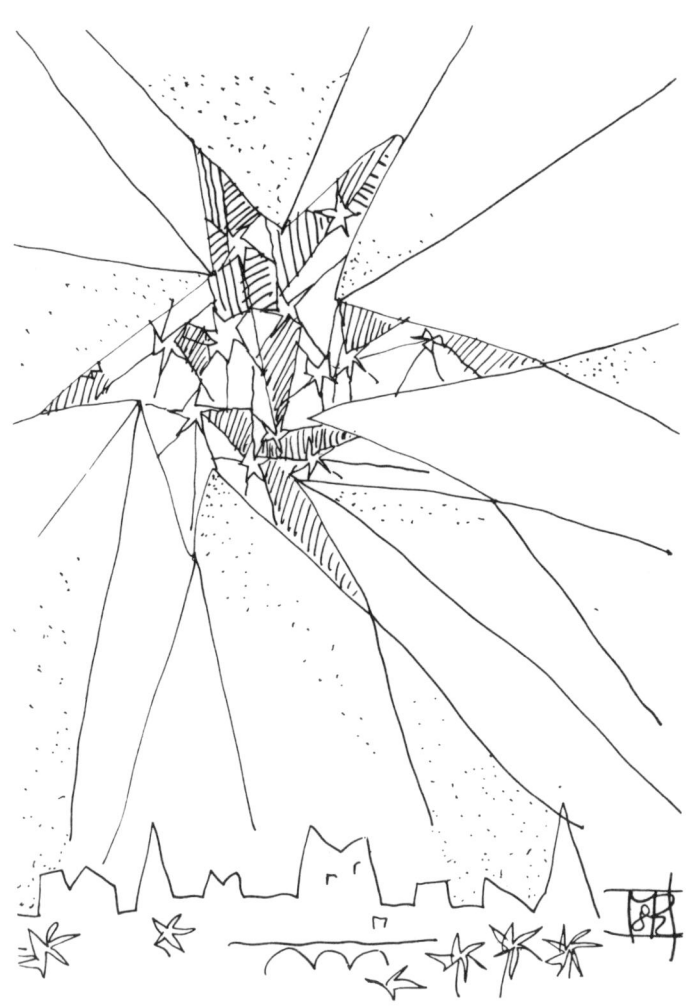

Die gläserne Stadt

Den Aachener Dom hat vor 1.200 Jahren Karl der Große gebaut nach dem Modell und Maß des himmlischen Jerusalem, das am Ende vom Himmel herniedersteigen wird – sozusagen als „Endprodukt" der Weihnacht. Leo der Große hat gesagt, die Engel hätten „Gloria" und „Pax in terris" gesungen, weil sich diese himmlische Stadt seit Weihnachten aus vielen Völkern bildet.

Von dieser Stadt wird uns in der Heiligen Schrift ein Dreifaches gesagt:

In dieser Stadt ist alles durchsichtig, alles aus Glas, alles Straße, Kontakt, Verbindung.

In dieser Stadt, das ist das zweite, gibt es keine Lampen und keine Sonne; denn Gott und das Lamm ist ihr Licht.

Und schließlich noch ein drittes: Es gibt auch keine Kirche, keinen Tempel mehr dort; denn alle wohnen in Gott.

Darauf kommt es an, das fängt an Weihnachten an: Wir sehen einander ins Herz, wir sind durchsichtig, nicht in einem kalten Licht, sondern im warmen Licht der Liebe, im warmen Licht des Lammes, des Menschensohnes, des Gottessohnes. Die Dinge sind nicht nur, wie sie sind; die Dinge sind, wie sie geliebt sind. Wir wohnen beieinander in Gottes Ja, in unserem gegenseitigen Ja. Wir wohnen beieinander in der neuen Stadt. Sie ist das Weihnachtsgeschenk Jesu an uns, aber wir können dieses Geschenk nur sehen, wenn wir es einander zeigen, eröffnen, schenken.

Fort von hier?

„Ich möchte fort von hier.
Ich möchte irgendwo sein,
wo Friede sicher ist und Umwelt sauber,
wo ich arbeiten kann, was ich möchte.
Wo ich einfach leben kann
und Mensch sein ohne Zwänge."

Diese Stimme aus einer Diskussion, die Stimme
eines jungen Mannes geht mit mir – auch in die
Weihnacht, auch ins neue Jahr.

Ist diese Stimme so weit weg und so viel anders als
jene, die mitunter auch in uns aufsteigt?

Aber da ist noch eine Stimme. Eine, die diese erst
aushält und von innen verwandelt:

„Ich möchte sein, wo Ihr seid. Ich will Eure Angst
und Unsicherheit teilen. Und so – in der Krippe
und am Kreuz – werde ich Euer Friede und Eure
Zukunft sein."

Der ganz Andere

und der ganz Gleiche

Gott, so sagen wir, ist der ganz Andere. Alle Begriffe scheitern vor seiner je größeren Größe, die sich nicht umgreifen läßt. Alle Bilder zerschmelzen in seinem Licht, das sich nicht in begrenzende Formen bannen läßt. Alle Worte verstummen ins Schweigen vor dem Geheimnis, das sich nicht aus-sagen läßt.

Und doch, Gott ist auch der ganz Gleiche: Er hat sich uns in allem gleichgemacht außer der Sünde, er ist wie ich geworden, er ist ich geworden im Kind, betastbar, anschaubar, ansprechbar.

Und gerade dies ist seine unfaßbare Andersheit, sein je größeres Geheimnis: daß er so klein sein kann, daß er sich so ausliefern kann, daß er so nahe sein kann.

Willst du dem ganz Anderen begegnen? Dann geh zum ganz Gleichen, geh bis zum Nächsten, zum Kleinsten, zum Ärmsten. Pack zu, um zu helfen – und du be-greifst Gott. Schau hin, um dem Nächsten die Not und die Sehnsucht abzulesen an seinen Augen – und du blickst in Gottes Licht. Hör hin auf des Nächsten leise Stimme, und sag ihm das einfache, liebende Wort – und du sprichst mit Gott selbst. Geh zum ganz Gleichen, um den ganz Anderen zu finden.

Adam, wo bist du?

Der fordernde und richtende Ruf Gottes „Adam, wo bist du?" ist nicht Gottes letztes Wort. Seit Weihnachten hat dieses Wort einen anderen Klang: Gott ruft den Menschen nicht aus der Ferne, sondern Gott geht ihm nach, Gott sucht ihn dort, wo er ist, Gott sucht und findet ihn in sich selbst. Er ist Mensch geworden. Er weiß, wie wir sind, er kennt wie keiner die Abgründe unseres Herzens und die Konsequenzen unserer Bosheit. Aber er kehrt nicht um vor uns, resigniert nicht an uns, sondern er wird, was wir sind. Er nimmt alles von uns, auch das Schrecklichste, in sich hinein und leidet es in sich selber aus, heilt es in jener Liebe, die uns bis zum Äußersten begleitet. Wenn heute Gott ruft, uns ruft und fragt: „Adam, wo bist du?", dann weist er uns hin auf den neuen Adam, auf seinen eigenen, für uns menschgewordenen Sohn. In ihm finden wir uns, in ihm finden wir ihn, in ihm finden wir die Hoffnung, die uns nichts und niemand nehmen kann, den neuen Anfang, der nie am Ende ist. In dieser Gewißheit dürfen wir den Mut zum Menschen, den Mut zu uns selber, den Mut zu unserer Zeit bewahren.

Istanbul: Große Hagia Sophia

Istanbul ein Bethlehem?
Der Monumentalbau eine Krippe?

Heiliger Ort, wo Jesu Jünger sich trennten –
    und schon sind schier tausend
    Jahre darüber gegangen.

Heiliger Ort, wo Christus nicht das letzte Wort
    behielt –
    größere Lettern künden eine andere
    Botschaft als die seine.

Heiliger Ort, wo Fremde kommen und gehen,
    denen der Christus wie der Prophet
    Fremde geworden sind.

        Doch aus der Höhe der Apsis
        schaut im leuchtenden Mosaik
        Maria
        schweigend uns an
        und hält uns das Kind hin.

Friede den Fernen, Frieden den Nahen –
Ehre dem Fernen, der so nahe ist.

Istanbul: Kleine Hagia Sophia

Wir wollen die Kirche besuchen,
die fast drei Jahrhunderte im voraus
den Traum des Aachener Domes träumte,
    den Traum vom himmlischen Jerusalem.

Die Kirche verschlossen,
der Muezzin weggegangen.
    Ein kleiner Junge führt ihn zu uns.

Wie wir den himmlisch irdischen Raum
    der Moschee gewordenen Kirche verlassen,
    wartet vor der Tür der Junge.
    Er hat für jeden von uns
    eine Blume gepflückt.
Wo ist der Himmel? Drinnen oder draußen?

Ich wünsche uns das Kind,
    das uns den Schlüssel für drinnen
    und die Blume für draußen schenkt.

Ich wünsche uns das Kind,
    daß wir den Himmel finden
    und den Himmel geben.

Zachäus an der Krippe

Ich kenne einen sympathischen jungen Mann, der zur großen Weihnachtskrippe seiner Pfarrkirche jedes Jahr eine neue Figur hinzuschnitzt. Mit dem Kind, mit Maria und Josef sind bereits viele versammelt: Hirten und Könige, Ochs und Esel, Engel und auch der Troß der Weisen aus dem Morgenland. Wer kann jetzt noch hinzukommen? Ich habe da einen etwas verblüffenden Ratschlag, vielleicht fürs nächste Jahr, zur Hand: Wie wäre es mit Zachäus?

Hören wir einmal mit „weihnachtlichen Ohren" den kleinen Abschnitt aus dem 19. Kapitel nach Lukas an, der von diesem Zachäus spricht:

In jener Zeit kam Jesus „nach Jericho und ging durch die Stadt. Dort wohnte ein Mann namens Zachäus; er war der oberste Zollpächter und war sehr reich. Er wollte gern sehen, wer dieser Jesus sei, doch die Menschenmenge versperrte ihm die Sicht; denn er war klein. Darum lief er voraus und stieg auf einen Maulbeerfeigenbaum, um Jesus zu sehen, der dort vorbeikommen mußte. Als Jesus an die Stelle kam, schaute er hinauf und sagte zu ihm: Zachäus, komm schnell herunter! Denn ich muß heute in deinem Haus zu Gast sein. Da stieg er schnell herunter und nahm Jesus freudig bei sich auf. Als die Leute das sahen, empörten sie sich und sagten: Er ist bei einem Sünder eingekehrt. Zachäus aber wandte sich an den Herrn und sagte: Herr, die Hälfte meines Vermögens will ich den Armen geben, und wenn ich von jemand zu viel gefordert habe, gebe ich ihm das Vierfache zurück. Da sagte Jesus zu ihm: Heute ist diesem Haus das Heil geschenkt worden, weil auch dieser Mann ein Sohn Abrahams ist. Denn der Menschensohn ist gekommen, um zu suchen und zu retten, was verloren ist" (Lk 19,1-10).

Ich sah nun im Geist diesen Zachäus am Zugang zu einer großen Krippenlandschaft stehen, dort, wo die Betrachter der Krippe vorbeigehen müssen, ehe sie zur Mitte des Geschehens kommen. Und an dieser Stelle hat mir Zachäus etwas von sich erzählt:
„Als damals Jesus in Jericho war, habe ich mich einerseits für ihn interessiert. Andererseits fühlte ich mich auf dem Maulbeerfeigenbaum, auf den ich wegen meiner kleinen Statur geklettert war, sicher vor ihm. Es war mir klar, er wird an mir vorbeigehen. Und das war mir nicht unlieb. Denn ihn sehen, das wollte ich. Aber mich so direkt auf ihn einlassen, und dies mit all meinem Vorleben und all meinen Problemen, darauf war ich nicht eingerichtet. Ich war Zuschauer, Beobachter, wollte dabeisein, aber mein Herz, mein Leben wollte ich draußenhalten. Und dann bleibt dieser Jesus stehen, schaut zu mir hinauf und sagt: Steig herunter, in deinem Haus muß ich bleiben.

Und plötzlich war mir dies gar nicht mehr unangenehm. Ich spürte einfach: Da ist eine ungeheure Forderung, aber vielmehr noch: Da ist eine ungeheure Liebe. Da will einer *mir* persönlich wohl, da ist einer ganz persönlich für *mich* da. Und so ist in jener Begegnung mein Leben anders geworden.

Nun weiß ich, daß viele Menschen zur Weihnachtszeit gerne Krippen anschauen. Das kann zum Hobby werden, und meistens ist es auch mit frommen Gefühlen verbunden. Aber ich weiß nicht, warum die Leute nicht hören, was das Kind ihnen ganz persönlich sagt. Es ist genau dasselbe, was dieser Jesus damals mir gesagt hat: Steig herunter von deinem sicheren Zuschauerplatz, denn heute muß ich in deinem Haus bleiben. Eigentlich ist jede Krippe eine Selbsteinladung Jesu bei dem, der an der Krippe steht und sie anschaut: Heute will ich, ja heute muß ich bei dir bleiben. Ich meine, nachdem mir dies damals so unendlich gutgetan hat, bin ich es den Vielen, die zur Krippe kommen, schuldig, ihnen die Ohren zu öffnen, damit sie diese Stimme des Kindes hören: Heute muß ich bei dir bleiben!"

Beim Nachdenken ging mir auf: *Wir* sind Zachäus an der Krippe, jede und jeder von uns können sich in ihm finden. Wir teilen vier Erfahrungen mit ihm.

Das Erste und Grundlegende: Zachäus hat in der Begegnung mit Jesus erfahren, Gott liebt mich grenzenlos und ganz persönlich, Gott wendet sich mir zu.

Und das ist auch die Weihnachtsbotschaft für uns: Sie gilt je mir persönlich. Für *mich* ist Jesus gekommen, *mich* hat er im Blick, bei *mir* will er bleiben. In deinem Hause, in deinem Herzen, in deinem Leben soll mein Platz sein, sagt er uns.

Damit ist aber ein Zweites verbunden: Jesus läßt sich von Zachäus beschenken, Jesus nimmt seine Gastfreundschaft an. Zachäus hat etwas, was er dem Herrn anbieten, womit er dem Herrn helfen kann. Das ist doch das Ungeheuerliche am Weihnachtsgeschehen: Gott macht sich in der Menschwerdung seines Sohnes abhängig von uns, er wird zum Empfänger, zum Beschenkten. Nichts gibt uns eine größere Würde als dies: Wir haben etwas, was wir Gott schenken können. Jeder von uns hat Gott etwas anzubieten. Keiner ist minderwertig, keiner bedeutungslos. Wir dürfen an die Gabe Gottes, die er uns anvertraut hat, glauben und dürfen sie ihm weitergeben.

Diese Linie führt zu einem Dritten: Zachäus wird von Jesus ein neuer Anfang geschenkt. Er wird herausgerissen aus dem Teufelskreis der Versuchung seines Berufes, andere zu übervorteilen, unehrlich und habgierig zu sein. Nehmen wir Jesus auf in das Haus unseres Lebens, dann hat er die Chance, wirklich etwas in uns zu verändern. Ich bin nicht zu mir verurteilt, ich bin von Ihm gerufen, und Er macht mich neu.

Schließlich ein Viertes: Worin besteht der neue Anfang? Antwort: in neuen Beziehungen zum

Nächsten. Zachäus geht anders um mit seinen Geschäftspartnern, Zachäus fängt an, Jesu Zuwendung zu den Ärmsten und Kleinsten zu teilen. Und soviel das von ihm fordert, so reich beschenkt ihn das: nicht mehr isoliert, nicht mehr gefürchtet, sondern angenommen, Partner der anderen zu sein. Wer sich selbst zum Kind in der Krippe mitbringt, der wird befreit zu neuen Beziehungen. Er tritt ein in die neue Familie Gottes. Er kann nicht anders, er hört das Wort Jesu: Heute muß ich in deinem Hause bleiben! Und die Herausforderung, die Nächsten, die so fremd und unbequem sind, einzubeziehen in den eigenen Lebensraum und Lebenskreis, sie wird auf einmal zum Weihnachtsgeschenk für uns.

Das ist die Botschaft des Zachäus an der Krippe. Er hilft uns hinhören auf die Stimme Jesu, die uns dasselbe sagt wie ihm: Heute muß ich in deinem Hause bleiben. Ja, er liebt uns persönlich – er läßt sich von uns beherbergen und beschenken – er schenkt uns einen neuen Anfang – er macht unsere Beziehungen neu.

Fenster und Licht

Jeder Mensch ist ein Fenster,
das herrliche, gewaltige Fenster
einer Kathedrale.
Aber was ist solch ein Fenster ohne das Licht?

An Weihnachten ist das Licht aufgegangen.
An Weihnachten ist der geboren,
der mein Leben erleuchtet,
auch wenn ich darin nur Dunkel finde.

Ich will es hinhalten, dieses Leben,
in sein Licht –
und das Fenster wird in Farbe erglühen,
und viele werden Licht sehen.

Sonst können wir nicht leben

„Wir leben das Leben eines anderen mit. Sonst können wir nicht leben." Dieses Wort von Papst Johannes Paul II. sagt uns, was Weihnachten heißt. Wir können leben, weil wir das Leben dessen mitleben dürfen, der gekommen ist, unser Leben mitzuleben. Mein Leben in Seinem Leben finden – Sein Leben in meinem Leben mitleben: Das heißt Christsein.

Doch was zwischen ihm und jedem von uns geschieht, wird erst ganzes Leben, wenn es auch zwischen uns allen geschieht. Er trägt unsere Last mit uns – aber die Last, die er trägt, ist unteilbar, ist die Last aller. Wenn wir miteinander tragen, erfahren wir: Er trägt mit.

Zwei Städte

Zwei Städte sah ich
— oder war es dieselbe Stadt?
    Die Stadt:
    Häuser, die man abschließen kann;
    Kirchen, die man besichtigen kann;
    Straßen, wo man aneinander
    vorbeigehen kann.
Die Stadt:
Häuser, die offen stehen für unerwartete Gäste.
Kirchen, in denen das Geheimnis *uns* anschaut.
Straßen, wo man aufeinander zu und miteinan-
der geht.
    Der Fremde ist hier nicht fremd,
    jener, für den in der Herberge damals
    kein Platz war.

Viermal Friede

Vierfach ist der Friede, den die Engel der Weihnacht verkünden.

Friede, der in Jesus Christus, in seiner Geburt ein für allemal angebrochen ist und der nie mehr zerstört werden kann. Himmel und Erde sind versöhnt, zwischen Gott und Menschen ist die Brücke geschlagen, und diese Brücke ist tragfähig genug, daß auch Menschen auf ihr zueinander finden können.

Friede, der Verheißung und Anfang eines endgültigen, letzten Friedens ist und der seine Vollendung erst erreichen wird, wenn diese Geschichte mit ihrem immer neuen Kampf des menschlichen Herzens gegen das Böse und den Unglauben zu Ende geht.

Friede als Kraft und Licht, um dem Frieden der Welt zu dienen. Wir dürfen nicht unsere Friedenssehnsucht auf die Ewigkeit vertagen. Der Friede Christi, der kommt, der Friede Christi, der schon gekommen ist, er läßt uns keine Ruhe, bis wir nicht so radikal wie möglich auch die innergeschichtlichen Verhältnisse auf ihn hin umgestaltet, auf ihn hin orientiert haben.

Friede schließlich als der Lebensrhythmus und die Lebensart der Christen, die – glaubend an den in Jesus gekommenen Frieden, hoffend auf den Frieden, der in der Geschichte immer mehr Gestalt werden will – ihre gegenseitigen Beziehungen unter das Maß Jesu Christi und seines Friedens stellen. Frieden miteinander leben, um Ferment des Friedens in der Welt zu sein. „Abrüstung der Herzen" wagen, damit Wille und Kraft zum Frieden bei allen wachsen: Das ist der dringendste Friedensdienst der Christen und der Kirche.

Zeitenwende

Daß die Zeit sich wenden kann,
dafür braucht es Räume.
Es gibt die Zeitenwende.
Als Er geboren wurde.
Wo war ihr Raum?
In der Herberge war kein Platz.
Aber in einem Herzen,
das sich öffnete für das Unmögliche,
und auf dem Weg,
den zwei miteinander machten
im Glauben über alle Unmöglichkeiten hinweg.
Und Hirten, die dem Engelwort trauten,
kamen hinzu. Der Raum wuchs.

Ist Platz in unserer Herberge?
Für eine Zeitenwende?
Wir alle haben ein Herz,
und wir haben einander als Weggenossen.
Hoffnung für Zeit und Ewigkeit.

Quellennachweis

S. 28: Aus: Jahrbuch „Die Weihnachtskrippe 1976", S. 7-9

S. 46: Aus: Christ in der Gegenwart, 39 (1987), Nr. 52 / 27. 12. 1987

S. 64: Aus dem Geistlichen Wort im 2. Hörfunkprogramm des WDR am 26. 12. 1989

Inhalt

Weitere Bücher aus der Reihe „Saatkörner":

Wolfgang Bader (Hrsg.)
GEDANKEN ZUM ADVENT
64 Seiten, gebunden
Mit 8 farbigen Abbildungen
ISBN 3-87996-245-6

Ein Geschenkbuch für die Adventszeit. Meditative Texte,
kurze Gedanken und Gebete für den 1. bis 24. Dezember: ein
„Adventskalender für Erwachsene", der zu einem bewußten
Erleben der Tage vor Weihnachten einlädt.

Mit Texten von Karl Barth, Kardinal Alfred Bengsch, Weren-
fried van Straaten, Klaus Hemmerle, Frère Roger, Mutter
Teresa, Chiara Lubich u. a.
Im Anhang werden das Wort Advent, die Entstehung der Adventszeit und einige Adventsbräuche erklärt. Das Buch ist
durchgehend zweifarbig gestaltet und illustriert von der
Freiburger Künstlerin Annemarie Baumgarten.

Wolfgang Bader (Hrsg.)
VON PALMSONNTAG BIS OSTERN
Gedanken zur Karwoche
72 Seiten, gebunden
Mit 10 farbigen Abbildungen
ISBN 3-87996-250-2

Ein ansprechend gestaltetes Geschenkbändchen mit medi-
tativen Texten, Gebeten und Einführungen zum Verständ-
nis der Liturgie und des Brauchtums. Eine Hilfe, die Tage
vom Palmsonntag bis Ostern, die den Höhepunkt des Kir-
chenjahres bilden, bewußt mitzuerleben.
„Mit seinen sorgfältig ausgewählten Texten kann dieses
Büchlein gute Anregungen vermitteln für einen bewußten
Mitvollzug der Karwoche."   *Klerusblatt*

VERLAG NEUE STADT MÜNCHEN ZÜRICH WIEN

Luis Alonso Schökel
STEH AUF, MEINE FREUNDIN,
MEINE SCHÖNE UND KOMM!
Gedanken zum Hohenlied
136 Seiten, gebunden
ISBN 3-87996-261-8

Das Hohelied der Liebe ist ein literarisches Kunstwerk, ein biblisches Buch voller Poesie. Luis Alonso Schökel, Alttestamentler und Literaturwissenschaftler, führt den Leser auf einfühlsame Weise durch die Welt dieses Buches. Er deutet mit vielen Querverweisen auf Werke der Weltliteratur die Schlüsselthemen dieses Textes: Schönheit, Tanz, Leib und Geist, Geruch und Geschmack u. v. a.

FÜR JEDEN TAG
Gedanken von Mutter Teresa
184 Seiten, gebunden
ISBN 3-87996-257-X

Mutter Teresa ist nicht Schriftstellerin, sondern Zeuge. Daher glaubt man ihren Worten. Sie dringen durch die Wand des Denkens und Wissens ins Innere des Menschen, öffnen den Blick für den Nächsten und lösen eine heilsame Unruhe aus. 366 solcher Worte, Beispiele und Gebete wurden von Bruder Angelo Devananda, dem Mitbegründer eines männlichen Zweiges der Gemeinschaft von Mutter Teresa, in diesem Buch zusammengestellt und den einzelnen Tagen des Jahres zugeordnet. Verschiedene Register (Schriftstellen-, Personen-, Sachregister) machen das Buch zu einem wertvollen Nachschlagewerk.

VERLAG NEUE STADT MÜNCHEN ZÜRICH WIEN